Construire une marque avec le direct marketing

En Capsules

Les secrets du mythique Dan S. Kennedy

INDEX

PRÉFACE

Changer d'avis sur la marque

Et si je te disais que tout ce que tu as lu sur le concept de marque est erroné? Ou plutôt, inadapté si tu es à la tête d'une petite entreprise?

Premièrement, il y a 2 questions essentielles à te poser en tant que petit entrepreneur :

1. Quel est l'objectif de ta publicité et de ton marketing ?

2. Peux-tu te permettre d'atteindre cet objectif ?

Beaucoup de petits entrepreneurs sont séduits par le concept de visibilité : faire connaître leur nom, ce qu'on appelle la "brand awareness". Il fut un temps où cela pouvait suffire, mais dans le marché hyper-compétitif d'aujourd'hui avec les coûts publicitaires en constante augmentation, payer juste pour faire tourner ton nom, sans monétiser, pourrait facilement te conduire à la faillite!

Beaucoup de stratégies de branding mises en œuvre aujourd'hui sont copiées des grandes marques internationales et bien financées. Mais s'appuyer sur ces modèles peut être très dangereux si on n'a pas les mêmes ressources financières ni les mêmes objectifs. La vérité, c'est que la plupart des startups et des petits entrepreneurs qui veulent grandir et s'élargir, n'ont pas besoin d'identité de marque ou de visibilité, du moins pas à cette étape. Ce dont ils ont le plus besoin, ce sont des clients payants pour générer du profit.

Avant de penser à la visibilité et à l'image, pense au profit; le brand se construira après, presque automatiquement, considère-le comme un sous-produit du profit.

Bien sûr, c'est cool d'avoir l'ambition de créer une marque célèbre et dynamique, reconnue par tous, mais avant tout tu dois penser à payer tes factures. Pour cela, tu dois d'abord te concentrer sur ce que tu peux faire maintenant avec les ressources que tu as. Et là, ça concerne le ciblage.

Pour chaque service ou produit, il existe un segment de clients idéaux qui l'adore ou qui l'utilise. Si ton public cible est "tout le monde", tu as un gros problème, il est très coûteux de vouloir atteindre tout le monde si personne ne te connaît encore.

Donc, commence par fouiller dans ta liste de clients et comprends qui sont les meilleurs, c'est-à-dire ceux qui achètent le plus souvent et sans trop de complications. Une fois que tu as identifié tes clients idéaux, tu seras en mesure de créer un message marketing sur mesure pour eux et de construire ta marque un client à la fois.

CHAPITRE 1

Opportunités vs Réalité

Me demander d'écrire un livre sur la construction d'une marque, c'est un peu comme demander à un hérétique de guider un groupe de fidèles. Ceux qui me connaissent savent que je suis très critique envers les stratégies de branding et d'image coûteuses des grandes multinationales.

J'essaie toujours de dissuader les petits entrepreneurs de s'inspirer de ces géants, car le risque de faillite est réel. Chaque jour, il y a un PDG qui gaspille des millions pour changer le logo, le slogan, la perception, etc. C'est de la folie de gonfler la valeur de la marque à ces niveaux.

Certes, il existe des marques historiques qui sont encore reconnues aujourd'hui, mais elles n'ont pas été créées en gaspillant de l'argent en visibilité et en awareness, mais en vendant leurs produits !

Dans tous les cas, personne ne peut garantir une marque immortelle.

Parlant de voitures, par exemple, Rambler et Pontiac étaient autrefois des marques importantes. Aujourd'hui, elles ont disparu. Mais je pourrais donner encore beaucoup d'autres exemples.

Donc, ne misez pas tout sur la marque seulement.

En essence, j'ai choisi d'écrire ce livre parce que j'ai de nombreux clients qui, grâce à mes enseignements, ont réussi à construire des marques établies. Ce livre est la collection de toutes ces stratégies et tactiques, sans tout le blabla qu'on nous sert tous les jours par les soi-disant experts des agences publicitaires. C'est cela qui le rend unique en son genre.

Je suis et resterai toujours un marketeur à réponse directe. Cela signifie que je veux mesurer précisément le retour sur investissement (ROI) de chaque dollar dépensé, le plus tôt possible. Sans aucune ambiguïté ou métriques fantaisistes.

Avec cette stratégie, on peut très bien créer de grandes marques reconnues, c'est ce qu'ont fait certains de mes clients millionnaires comme Weight Watchers ou le Proactiv de Guthy Renker. Mon propre brand multimillionnaire a été créé à travers le marketing à réponse directe.

En résumé, une marque peut être importante pour les consommateurs de différentes manières:

- elle peut aider à faciliter le choix dans un marché saturé d'options;

- elle peut être une garantie d'expérience;

- elle peut rendre fier de la posséder parce qu'elle nous rend à la mode;

- elle peut renforcer nos valeurs et répondre à nos aspirations;

- elle peut nous satisfaire sur le plan émotionnel.

Dans ce livre, nous explorerons tout ce qu'une marque peut et ne peut pas faire et nous illustrerons des stratégies judicieuses pour construire l'identité de marque sans investissement direct.

Je n'ai jamais dépensé un centime en "brand awareness" et pourtant mon personal brand et tous les brands que j'ai créés jouissent d'une excellente santé, réputation et reconnaissance parmi mes clients. Si vous notez, revenant au discours de la préface, je n'ai pas dit reconnu par tous, mais seulement par mes clients.

Après tout, ce sont eux les seuls à qui je dois rendre des comptes.

Toutes les décisions que vous prendrez désormais devront suivre ces 3 étapes : principes, stratégie et tactique.

1. L'importance des principes

Sam Walton savait exactement quels étaient les principes de ce qui est devenu Walmart.

Ray Kroc avait clairement en tête les 3 principes à la base de McDonald's.

Walt Disney a résumé son principe fondamental dans son slogan et sa Proposition Unique de Vente (USP) : "Le lieu le plus heureux sur Terre".

Mon principe fondamental est de toujours dire la vérité, même quand ça fait mal.

Les marques qui se fondent sur des valeurs solides se vendent mieux et durent plus longtemps que celles qui n'en ont pas.

2. La stratégie

Des principes, on passe à la stratégie, tous les exemples de succès ont suivi ces étapes. Pour simplifier, je vais apporter des exemples de ma marque personnelle :

- j'ai été sélectif et discriminatoire avec mes clients, sans me soucier d'offenser quelqu'un ;

- je me suis concentré sur les petits et moyens entrepreneurs en repoussant les multinationales ;

- je n'ai jamais vendu ou permis à quelqu'un de vendre quelque chose à mes clients sans au moins une garantie de 30 jours ;

- j'ai toujours été transparent avec mes clients, même sur ma vie privée et mes opinions politiques.

Naturellement, quand on a des principes, on devrait éviter de les contredire, si on ne veut pas risquer de tout gâcher.

Prenons Pierre Cardin : il était considéré comme une marque de luxe, exclusive ; suite à une politique de licences agressive et indiscriminée, cependant, il s'est retrouvé à vendre dans les mêmes catégories de produits avec des prix très différents. Cela a détruit la marque.

Donc, faites très attention à mettre en œuvre des stratégies contraires à vos valeurs, cela pourrait être fatal.

3. La tactique

D'habitude, c'est le point par lequel tout le monde veut commencer. Publicité, contenus, médias...

La tentation est forte, souvent les entrepreneurs sont sous pression et cela les amène à précipiter les conclusions et à agir sans les bonnes considérations. Les propriétaires d'Iron Tribe Fitness (une marque dont nous parlerons plus en détail par la suite) ont décidé de limiter leurs abonnements à 300 par salle de sport. Au lieu d'en vendre beaucoup à bas prix, ils ont décidé d'en vendre peu à un prix élevé et ça marche très fort.

Je suis une personne très pragmatique, donc j'ai écrit un livre très pratique. Vous aurez compris que je n'aime pas les théories inapplicables ou les idées créatives pour elles-mêmes. Ce livre, cependant, est aussi capable de vous inspirer à prendre votre entreprise et la transformer en quelque chose de significatif pour vos clients, exactement comme l'ont fait les propriétaires d'Iron Tribe.

Franchement, je ne crois pas qu'il y ait quelque chose de particulièrement excitant dans le fait de vendre et de faire de l'argent. Bien sûr, j'aime avoir de l'argent et en gagner, mais si tout ce que je fais est de vendre pour gagner, je perds rapidement l'enthousiasme et la créativité, j'imagine que cela vous arrive aussi.

De même, c'est un terrible mensonge de dire que si vous vous contentez de construire des relations significatives, l'argent viendra automatiquement, ce n'est pas le cas.

Il faut être capable de concilier ces deux aspects de manière équilibrée. Toujours.

Un conseil : ne vous sabotez pas avec la phrase classique "...mais mon entreprise est différente !"

À ce stade, personne n'est différent. Toutes les entreprises, pour bien fonctionner, ont besoin d'attirer et de motiver leurs clients et toutes les entreprises à succès se basent sur la conversion d'une partie de ces clients en véritables fans (brand evangelists/advocates).

Donc, les leçons que nous apprendrons à travers l'expérience d'Iron Tribe peuvent s'appliquer à tout type d'entreprise.

Gardez l'esprit ouvert !

CHAPITRE 2

L'expérience des propriétaires d'Iron Tribe Fitness

Avant de créer une marque

Dès le départ, nous voulions une marque reconnue au niveau national, et pourtant, nous n'avons pas commencé par vendre notre marque. Nous avons commencé par vendre des abonnements.

La plupart des petites entreprises font le contraire, tout le monde veut une grande marque, mais personne ne veut faire ce qui est nécessaire pour l'obtenir.

Au lieu de commencer par le marketing à réponse directe, ils se comportent comme s'ils étaient déjà une grande marque, gaspillant de l'espace dans leurs publicités avec de gros logos et des slogans "créatifs" qui n'expliquent pas pourquoi quelqu'un devrait acheter chez eux. Inévitablement, ces publicités sont ignorées.

Cela se produit malheureusement parce qu'on se copie continuellement, sans trop se poser de questions.

Contrairement à ce que l'on pourrait penser, il ne suffit pas d'appeler un graphiste pour avoir un beau logo et de belles brochures.

Le marketing est la science de transmettre le bon message à votre cible, cela signifie tester différents messages et différents médias et en suivre les données de manière détaillée. Ces tests sont la seule chose qui compte dans la création d'un plan de marketing réussi. Peu importe ce qui vous plaît, mais ce qui convainc le client d'acheter et de vous faire confiance.

C'est ainsi que votre marque peut grandir.

La découverte du direct response

Au départ, j'étais simplement un passionné de fitness, devenu ensuite un professionnel qui faisait très bien son travail en salle de sport. Je ne savais rien sur comment acquérir les bons clients pour moi et j'ai rapidement réalisé que mes belles publicités glacées ne fonctionnaient pas.

À ce moment de ma vie, j'ai vu une publicité différente des autres, elle parlait de comment améliorer le marketing d'une salle de sport, c'était exactement ce dont j'avais besoin en tant que personal trainer. J'ai demandé mon rapport gratuit intitulé "Comment obtenir plus de clients dans les prochains 90 jours que dans toute l'année, sans networking, referral ou vente agressive".

En lisant le rapport, j'avais l'impression qu'il parlait directement à moi. J'avais juste dépensé des milliers de dollars dans une campagne de "brand awareness" qui n'avait généré aucun client !

J'en avais assez et sentais qu'il devait y avoir une meilleure façon. Les principes contenus dans ce rapport ont été mon premier contact avec les fondements du marketing à réponse directe. J'ai donc décidé de demander de l'aide à l'auteur du rapport qui a ensuite créé ma première campagne de direct marketing, une série de 3 lettres à envoyer aux maisons de ma cible.

Les résultats ont été incroyables : le téléphone n'a jamais autant sonné et les clients connaissaient déjà les informations principales parce que la lettre était si bien écrite qu'elle faisait le travail sale à ma place ! En un seul mois, avec 1000 lettres envoyées, j'ai obtenu 41 clients avec une valeur moyenne de 2500$ par contrat. C'était le meilleur mois en 6 ans de carrière comme personal trainer.

La campagne a continué à fonctionner pendant les 3 années suivantes, sans aucun changement, pendant lesquelles j'ai ouvert d'autres emplacements et ai énormément grandi.

Puis, la campagne a cessé de fonctionner et je me suis heurté à un autre enseignement de Dan Kennedy, le danger d'avoir une seule arme : un message, une campagne ou un seul moyen de communication.

Ici commence mon véritable voyage à la découverte du direct response, je devais découvrir pourquoi cette campagne avait fonctionné et comment en créer d'autres. J'ai découvert Dan Kennedy et j'ai commencé à lire ses livres, sa newsletter et à participer à ses rencontres.

À un certain point, je me suis senti prêt à repartir de zéro avec un projet plus ambitieux (Iron Tribe) en vendant toute mon entreprise passée et en mettant en place dès le début une activité de franchise centrée sur le direct response.

Même si j'étais en phase de démarrage, je savais que la seule chose à laquelle je ne pouvais pas renoncer était un copywriter spécialisé dans le marketing à réponse directe.

Créer une marque en vendant

La nouvelle entreprise que nous étions en train de construire a commencé dans le garage de l'un d'entre nous, style Fight Club. En pratique, pour en faire partie, vous deviez être notre ami, mais ensuite, avec le temps, nous avons réalisé qu'un bel esprit de groupe se créait qui aidait tout le monde à mieux faire et nous étions déterminés à reproduire cette sensation de communauté dans une franchise.

D'où le nom "Iron Tribe Fitness" qui, en plus de fournir un sens de communauté, reflète également l'exclusivité de notre programme.

Le problème à ce stade était que beaucoup de gens ne croyaient pas pouvoir réussir ces exercices de groupe intenses. Nous avions besoin de 2 choses :

1. la soi-disant "preuve sociale", c'est-à-dire des cas de succès d'autres personnes ordinaires.

2. une autre offre adaptée à tous ceux qui étaient

intéressés mais encore trop intimidés pour accepter l'inscription.

Pour répondre au premier point, nous avons décidé de créer une publicité avec les photos réelles de nos clients (avant et après). Ensuite, pour encourager les timides et les indécis, nous avons fourni un rapport gratuit listant tous les avantages du programme et les histoires de succès des participants. Le titre du rapport était "Pourquoi toutes ces personnes frustrées ont annulé leur abonnement à la salle de sport et se sont inscrites à Iron Tribe... et pourquoi vous pourriez vouloir le faire aussi".

À ce stade, nous avions besoin d'urgence pour convaincre le plus de personnes possible de s'inscrire. C'est ainsi que nous avons décidé d'offrir une expérience premium à un maximum de 300 personnes par salle de sport.

Une fois le nombre atteint, les clients seraient placés sur une liste d'attente et nous l'avons écrit dans toute notre communication ou publicité, mettant constamment à jour le nombre de places disponibles dans les différents emplacements.

La réponse à ces publicités a été incroyable, nous vendions 40-50 abonnements par mois au double du prix de nos concurrents.

Pour attirer les femmes de plus de 40 ans, nous avons créé une annonce avec la femme de Forrest (l'un des deux propriétaires), mère de 4 enfants, une femme tout à fait ordinaire. C'était l'une de nos publicités les plus performantes car elle créait de l'empathie auprès du public et diminuait le scepticisme envers le programme.

Certaines de nos publicités pourraient être critiquées pour leur ton défi envers les lecteurs et certains pourraient dire qu'elles font fuir les clients, en les intimidant. Mais souvenez-vous toujours que là où certains fuient, d'autres sont attirés ! C'est le secret du marketing magnétique, il attire certains et en repousse d'autres.

Quoi que vous fassiez, ne négligez jamais la vente.

Nous étions impatients de construire la marque, mais avant tout, nous devions remplir ces 300 places dans toutes nos salles de sport, le plus rapidement possible.

Soyez patient avec la construction de la marque mais ayez toujours urgence de vendre.

Les critiques arriveront

Nos campagnes fonctionnaient très bien, produisant de 200% à 400% de ROI chaque mois.

Avec le succès grandissant, les critiques de la part de parents, investisseurs et clients ont augmenté. Ils percevaient notre publicité comme peu professionnelle et laide. Le paradoxe est qu'ils avaient été attirés et "convertis" par ces mêmes annonces qu'ils dénigraient.

Comme le dit souvent Dan Kennedy : les clients mentent !

Malgré les chiffres qui nous donnaient raison, nous voulions en même temps que nos clients soient fiers de notre publicité. C'est alors que nous avons décidé de conjuguer le direct response avec une stratégie de branding qui plairait davantage à nos clients. Nous savions que cela ne serait pas une tâche facile, c'est pourquoi nous avons décidé de faire appel à une agence de publicité externe, en faisant une erreur, mais nous avons appris de nos erreurs.

Soyez sûr que, si vous réussissez, les critiques arriveront. Écoutez tout le monde de manière détachée et donnez la priorité à vos clients. À la fin, cependant, vous devez être celui qui décide.

Les mésaventures avec les agences

L'un des principes de base de la pensée de Dan Kennedy est le suivant : les agences de publicité ne comprennent rien (et ne veulent pas comprendre) au marketing à réponse directe.

C'est pourquoi, cela ne nous a pas surpris qu'il soit contre notre décision de faire appel à une agence externe. "Ne mordez pas la main qui vous nourrit !" nous a-t-il dit à l'époque, soulignant combien il était vital de ne jamais arrêter de contrôler les stratégies de direct response qui nous ont menés au succès.

Nous n'avons pas voulu l'écouter, nous étions tentés par l'idée de déléguer tout le marketing à l'extérieur de l'entreprise, afin de pouvoir nous concentrer sur d'autres aspects qui nous semblaient plus importants à l'époque, comme la mise en place des nouveaux emplacements en franchise.

Ce que nous avons compris, c'est que rien de tout cela

ne compte plus rien si vous perdez le contrôle de votre marketing et donc de votre marque.

Ce qui est exactement ce que nous avons fait, en nous trompant.

Pendant les six mois où nous avons fait le tour des agences, nous avons entendu toutes sortes de critiques : critiques sur le design inexistant, critiques sur la longueur du copy (trop long selon eux), certains ne comprenaient même pas la raison de notre succès et se retiraient ne sachant pas comment nous aider.

Finalement, nous avons choisi une agence que nous pensions capable d'apprendre ce qu'il y avait de bon dans notre marketing, en ajoutant un peu plus de "style".

Malgré nos efforts pour les impliquer en leur fournissant tous les livres de Dan Kennedy, ils semblaient réfractaires à toutes ces informations et continuaient à faire à leur tête. Notre tentative a échoué lamentablement.

<u>Le commentaire de Dan Kennedy :</u>

1. Il y a 2 choses que vous ne devez jamais déléguer complètement : la gestion financière et le marketing. Il est beaucoup plus simple de déléguer les rôles techniques et opérationnels, pas ceux stratégiques. Souvenez-vous toujours que deux personnes ne peuvent pas monter côte à côte sur le même cheval. Il n'y a qu'une personne qui tient les rênes et cette personne doit être vous.

2. Lorsque vous faites appel à des professionnels externes pour la publicité et le marketing, assurez-vous qu'ils connaissent le marketing à réponse directe. Le monde du marketing est plein de théoriciens et de techniciens qui ne savent rien de la vente et n'ont pas de résultats concrets à montrer. Ne confondez pas des ouvriers pour des architectes.

3. Ne sous-estimez pas votre connaissance du secteur dans lequel vous opérez. Il est faux d'être arrogant comme il est faux de se laisser intimider par des mots compliqués et des prix publicitaires. Si vous avez des doutes en vous confrontant aux critiques d'un expert, posez-lui ces questions : 1) pourquoi pensez-vous que je devrais penser différemment ? 2) quels sont les données que vous avez pour soutenir votre position ? Les faits sont importants et sont aussi beaucoup plus rares que les opinions ou les critiques. Laissez-vous convaincre par les faits.

Notre formule gagnante

À la fin, après 9 mois de tests échoués avec l'agence, nous sommes revenus à l'autonomie.

Ce qui en est ressorti peut se résumer ainsi : acquérir des clients avec le marketing à réponse directe mais les rendre enthousiastes et fiers avec la marque.

Tout d'abord, nous sommes partis des données que nous avions. Le retour initial que nous avions en utilisant le marketing direct pur était le suivant :

chaque client nous apportait 1.3 références et renouvelait l'abonnement au moins une fois. Ce que nous espérions avec une approche plus centrée sur la marque était d'augmenter les références, en augmentant la fierté des membres.

Cela nous amène au discours central du marketing direct : le front end et le back end.

Le front end est tout ce qui mène à la première transaction, c'est-à-dire à l'acquisition du client.

Le back end est tout ce qui se passe après, la relation qui dure dans le temps menant à des achats répétés.

Le ROI du front end a à voir avec le coût d'acquisition à travers le marketing et la publicité, et le retour que l'on obtient des dollars investis dans ces activités.

Le ROI du back end est plus compliqué, il doit calculer : la rétention, la fréquence d'achat, les renouvellements, l'ascension et les références.

Notre objectif était de construire des activités centrées sur la marque pour augmenter les références, mais l'important était de ne pas descendre en dessous du chiffre de départ (1.3).

Nous avons commencé par renouveler notre newsletter, en la rendant plus moderne et riche en contenus intéressants, en incluant davantage nos athlètes et en mettant en évidence tous les événements dans nos salles de sport.

Ensuite, Jim (l'un des propriétaires) a décidé d'exploiter et d'améliorer son expérience précédente de caméraman et nous avons créé TribeVibeTV, une émission hebdomadaire sur Youtube.

Nous avons finalement compris que vous ne pouvez jamais dépenser assez en marketing (c'est pourquoi les résultats doivent être mesurables et positifs) et que vous devez essayer d'être présents sur autant de médias que possible (vous souvenez-vous de l'erreur initiale d'avoir une seule arme ?).

Maintenant, vous pouvez nous écouter à la radio, nous voir sur un panneau d'affichage, dans le journal et, quand vous pensez avoir fini, peut-être qu'un de vos amis vous dit : "Tu sais, j'ai découvert un programme d'entraînement fantastique ? Ça s'appelle Iron Tribe !" et il vous montre une vidéo ou notre magazine.

Donc, en ce qui concerne les médias, vous devriez idéalement en posséder une bonne partie ou au moins avoir le contrôle sur ceux qui sont fondamentaux.

Pour nous, les plus importants sont le site web et l'application. Nous les avons rendus indispensables pour nos clients car c'est là qu'ils doivent aller chaque jour pour savoir quel sera l'entraînement de demain. Ici, ils trouvent également les données de leurs progrès, objectifs, régime alimentaire et peuvent également communiquer avec les entraîneurs et les autres athlètes et suivre les actualités de nos événements.

Cela a provoqué une cohésion et un sens de la communauté encore plus forts qu'avant.

<u>Le commentaire de Dan Kennedy:</u> vous devez vous présenter différemment selon le niveau de conscience du client (concept très bien expliqué dans Breakthrough Advertising de Schwartz). Si le

marketing de front end doit se baser sur des promesses spécifiques, des offres et de l'urgence, le marketing de back end devrait tourner autour de la preuve sociale, de la communauté et des personnes en coulisses. L'erreur la plus courante est d'essayer d'utiliser le marketing de back end pour acquérir des clients, en effet, cela amène de nombreux business et marques débutants à être bien perçus mais incapables de monétiser!

Le commentaire de Dan Kennedy sur TribeVibeTV: les vues de leurs vidéos varient entre 300 et 500 en moyenne. Ça vous semble peu ? Vous avez tort. Le succès du direct response est dû au choix de la cible. Presque jamais on ne s'adresse aux masses. Cet hybride qu'ils ont réussi à créer entre direct response et marque a vraiment été un coup de maître. Ils sont également capables de s'adresser efficacement à un public secondaire, à savoir ceux qui veulent ouvrir leur propre franchise.

Le franchisage et l'économie d'échelle

Si vous investissez 4000$ par mois pour le marketing de chaque salle de sport individuelle et que vous en ouvrez une nouvelle tous les 9 mois, vous savez que chaque année vous ajouterez 4000$ à votre budget mensuel.

Grâce à cela, nous sommes capables de créer un système facile à suivre pour tous nos franchisés, en planifiant les investissements déjà 2 mois avant l'ouverture. La première phase sera évidemment toute centrée sur le direct response. Dès que les abonnements augmentent, on peut passer à la deuxième phase centrée sur la marque, augmentant les références et la rétention.

Notre philosophie est basée sur "faites comme nous faisons" et non sur "faites ce que je dis". L'une des choses les plus frustrantes est de voir ces consultants qui enseignent à faire des choses qu'ils n'ont jamais testées eux-mêmes, poussant à dépenser de l'argent dont personne ne sait s'il reviendra jamais sous forme de gain.

L'évolution de la marque

L'expérience suivante concerne le slogan. Quelque chose qui pourrait accompagner notre preuve sociale et tout notre marketing. Exactement comme le "Just do it" de Nike.

Pour atteindre cet objectif, nous nous sommes concentrés sur le concept de Dan Kennedy qui impose de séparer l'entreprise réelle de ce qu'il appelle les "livrables", c'est-à-dire les produits et services que nous offrons.

Par exemple, Starbucks vend du café à un prix beaucoup plus élevé que ses concurrents. Son véritable business est le lieu, l'expérience ; le café est juste le moyen à travers lequel profiter de cette expérience. Le café est le "livrable". C'est le secret derrière la plupart des grandes marques.

En analysant les retours de nos clients, nous avons remarqué un mot récurrent : transformation.

Pour faire le saut qualitatif avec notre marque, nous

avons donc décidé que les salles de sport, les cours et les exercices étaient tous des "livrables". La véritable entreprise dans laquelle nous opérions était la transformation!

Par transformation, nous n'entendons pas seulement la transformation physique, en effet, de nombreux clients nous ont dit que toute leur vie avait subi une transformation à plusieurs niveaux. D'où le slogan "LIFE. Changed."

Nous avons donc commencé à incorporer dans nos publicités ces histoires de changement réelles. Les résultats n'ont pas beaucoup influencé l'acquisition de nouveaux clients, mais ont rendu nos clients actuels beaucoup plus fiers (nous verrons plus tard comment cela influencera indirectement la génération de leads).

Nous nous sommes rendu compte de l'importance de faire attention à ne pas laisser échapper cette utilisation de la marque, qui peut être coûteuse et difficile à monétiser. C'est pourquoi nous avons mis en place des règles strictes pour tous nos franchisés :

1. D'abord, vous devez atteindre le nombre maximum d'abonnements (avec le marketing direct) et construire des histoires de succès. Avant de penser à commercialiser la marque, vous devez absolument avoir déjà une base solide de clients, la marque doit gagner du respect sur le terrain ;

2. Vous devez être conscient que vous ne pouvez pas vous attendre au ROI du direct response (qui peut facilement atteindre 300%). Avec les

messages de marque, vous devez vous contenter de faire jeu égal (ROI de 100%). Vous ne pouvez pas faire du branding pour acquérir directement de nouveaux abonnements.

Branding et génération de leads

Nous avons réalisé que les meilleurs clients étaient ceux qui provenaient des références. Nous avons donc décidé d'accepter un ROI inférieur avec les publicités centrées sur la marque, en investissant dans le marketing de parrainage.

La fierté au sommet de nos clients (grâce au branding) a été une arme très puissante pour augmenter les références.

C'est là que nous avons réalisé que nos "évangélistes" n'avaient pas de "Bible" à montrer à leurs amis et à leur famille.

Nous avons donc commencé à imprimer les histoires "LIFE.Changed.", les distribuant à nos clients. Cela a facilité la participation à nos événements d'entraînement "Amenez un ami".

Dan Kennedy nous a suggéré de récompenser les clients qui amenaient des amis, que l'acquisition réussisse ou non. Comme récompense, il était nécessaire d'offrir quelque chose en dehors de la marque, nous avons opté pour des expériences VIP (repas ou bons dans les magasins préférés).

En bref, nous sommes passés à fournir aux clients de véritables packs pleins de matériel de marque, créés spécialement pour favoriser les références (magazines, autocollants, shakers, t-shirts, accessoires, etc.).

Plus rapides que les imitateurs

Aucune marque ne peut se permettre de rester immobile. Nous l'avons compris dès le début, on ne peut jamais se sentir arrivé. La construction de la marque ne se termine jamais, c'est un processus continu.

De nombreux marques deviennent paresseuses, sont copiées, deviennent une "commodity" (le classique un vaut l'autre) et puis disparaissent.

Même une marque centenaire comme Kodak est tombée dans ce piège ; elle est passée d'être présente dans toutes les maisons à disparaître complètement de la circulation.

La différence entre une commodity et une expérience interactive est l'innovation. L'innovation est également la seule arme pour ne pas être copié.

La plus grande innovation sur laquelle nous travaillons est une campagne B2B pour vendre des abonnements de groupe dans les entreprises, ciblant les employés qui ont peur des coûts sanitaires causés par une vie sédentaire.

En substance, nous nous demandons chaque jour : "comment pouvons-nous remplir les 300 places encore plus rapidement?".

Le jour où nous cesserons de nous le demander, nous

ferons probablement comme Kodak.

CHAPITRE 3

Une marque sans marketing

Je m'appelle Steve Adams et voici mon histoire. En juillet 1996, après avoir passé 10 ans à étudier le business et avec une carrière bien lancée dans la banque, je me retrouve finalement à posséder ma propre entreprise.

En regardant en arrière, il me semble maintenant clair que j'avais surestimé l'identité de la marque (logo, slogan, etc.), dans mon cas achetée sous forme de franchise. Tout cela est un atout, mais rien ne peut remplacer le marketing.

Mon premier défi a été les ventes insuffisantes, et moi qui pensais qu'il suffisait de faire partie d'une franchise bien connue pour vendre !

J'ai alors commencé à dépenser énormément en publicité de divers types : TV, radio, journaux, événements. Le problème, c'est que je n'avais aucune idée d'où venaient les clients, si c'était de la publicité, du bouche-à-oreille ou du hasard. La situation financière n'était pas la meilleure et je ne savais pas quelle dépense couper. Aucun des publicitaires à qui je m'étais confié ne pouvait me donner de réponses. Je continuais à payer, mais la seule chose qui augmentait était ma frustration.

En 2001, j'ai commencé une autre entreprise, une chaîne de magasins de produits pour animaux, une marque inconnue. Là encore, les mêmes problèmes, qui m'ont conduit à devoir fermer 2 emplacements quelques années plus tard. Je ne comprenais pas pourquoi, malgré le grand nombre de propriétaires de chiens au Texas, simplement personne ne nous connaissait ou ne nous faisait confiance.

L'importance de la USP

À ce moment-là, j'ai pris une décision radicale en coupant tous les investissements publicitaires et en décidant de me concentrer sur ma USP (Unique Selling Proposition).

Lorsque vous avez une proposition trop générique, il se trouve que les clients n'ont pas de raison valable de vous choisir au milieu de la mer d'alternatives. C'était aussi notre problème.

Nous avons commencé à analyser les concurrents pour comprendre ce que nous pourrions offrir de différent et de mieux.

Nous nous sommes finalement concentrés sur :

1. personnel spécialisé ;

2. qualité des interactions entre le personnel et les clients ;

3. focus sur la nourriture bio et naturelle.

Dans les années suivantes, nous avons constamment grandi à un rythme de 6-8%. Nous avons commencé à fournir des services de dressage d'animaux. Le bouche-à-oreille fonctionnait grâce à une expérience supérieure en magasin. Nous étions enfin en train de nous différencier de ces magasins où les employés (ignorants) ne savent jamais donner de conseils utiles.

Nous avons continué à croître et à ouvrir de nouveaux emplacements jusqu'en 2008 sans aucun investissement publicitaire.

Mais l'idée géniale est venue après un rappel célèbre de nourriture contaminée, qui ne nous a pas touchés, heureusement. Une de nos clientes, journaliste pour Dallas Fox News, a interviewé un de nos managers qui a donné des conseils pour éviter les problèmes de santé à cause de la nourriture contaminée. Immédiatement, les ventes ont augmenté de 10% dans nos 2 magasins au Texas.

C'était à ce moment-là que j'ai eu l'idée : nous deviendrions les plus grands experts en nutrition animale. Maintenant, dans nos magasins, nous avons plus de 100 nutritionnistes certifiés par la faculté vétérinaire du Michigan.

Le marketing à réponse directe

Puis, en 2010, les profits ont chuté dans tous les 10 magasins. J'ai compris que cette fois-ci, je devais apprendre le vrai marketing, je ne voulais pas être à nouveau victime d'une mauvaise publicité.

J'ai commencé à étudier et j'ai découvert Dan Kennedy et le direct response.

Ma première lettre de vente m'a apporté plus de 200 clients pour 4000 lettres envoyées. Quant à la première carte postale pour réactiver mes anciens clients, j'ai eu 70% de réponse !

Il était clair que je devais maintenant commencer à suivre toutes les données et les résultats, seulement ainsi je pourrais éviter les erreurs du passé, j'ai embauché un copywriter recommandé par Dan Kennedy et j'ai commencé à travailler sérieusement sur mes objectifs:

1. acquérir de nouveaux clients ;

2. garder les anciens ;

3. augmenter la fréquence et les dépenses ;

4. réactiver les clients perdus.

La liste des clients

Nous avions plus de 350 000 clients dans la base de données et nous ne faisions rien pour les faire revenir. Dans la vente au détail, il arrive souvent que les clients achètent dans plusieurs magasins également en fonction des offres. Nous étions déterminés à échapper au piège de la commodité et nous l'avons fait en créant un programme de certification nutritionnelle. C'est une sorte de cours en ligne pour éduquer nos clients à la nutrition animale, puisque nous nous sommes positionnés comme experts dans ce domaine.

Au programme de formation, nous avons également associé des promotions, structurées comme suit:

1. Nos 500 meilleurs clients (par magasin) reçoivent une newsletter papier de 8 pages ;

2. Cartes postales pendant les périodes de vacances avec 10% de réduction pour les meilleurs clients, segment "A" (la dernière a généré 417% de ROI) ;

3. Tous les 4 mois, nous envoyons un upsell en essayant d'éduquer le client qui achète, par exemple, des croquettes mais n'achète pas de produits pour l'hygiène dentaire, etc. ;

4. Une lettre annuelle de remerciement pour la fidélité avec 20% de réduction ;

5. Incitations à passer du segment "B" au segment "A", c'est-à-dire les meilleurs clients ;

6. Carte postale avec réduction pour l'anniversaire du pet.

Le back end

Un des principes fondamentaux du direct marketing que Dan Kennedy enseigne est le soi-disant back end, c'est-à-dire les ventes récurrentes après la première transaction.

Construire un système de back end efficace est fondamental pour la solidité de l'entreprise et nous permet d'investir davantage dans l'acquisition de nouveaux clients. Le nôtre est actuellement en évolution, pour le moment nous avons:

1. Un abonnement qui fournit du contenu exclusif pour éduquer les propriétaires à prendre soin de leur animal de compagnie, avec des interviews d'experts, etc. ;

2. Des audios et vidéos "how to" qui expliquent comment laver les dents, couper les ongles, traiter certaines problématiques du pelage, etc. Pour chaque contenu, nous recommandons les produits à acheter pour obtenir le résultat souhaité ;

3. Des commandes automatiques qui se renouvellent sans devoir les réinsérer dans le panier à chaque fois et risquer de se retrouver sans.

Ayant un back end aussi puissant, je n'ai plus peur des concurrents ou d'Amazon. Mon service n'est plus une commodité et notre situation financière s'améliore constamment. Mon entreprise ne peut plus être facilement copiée ou vaincue par n'importe qui.

Grâce au direct response, en seulement 30 mois, nous sommes passés de 10 à 21 magasins. Les revenus ont augmenté de 85% et les employés sont passés de 150 à plus de 400.

Si vous avez aussi un magasin de vente au détail, mon conseil est de trouver votre raison d'être. Pourquoi un client devrait-il vous choisir ?

Devenez d'abord un expert reconnu dans votre domaine. Ensuite, engagez les bonnes personnes, créez une culture d'entreprise et un service client excellent, qui accueille toujours le client de la même manière. Enfin, mettez en place un système de marketing pour faire savoir à tous ce que vous faites et pourquoi vous le faites mieux que les autres.

N'oubliez pas, continuez à investir dans l'exécution du plan chaque mois.

<u>Le commentaire de Dan Kennedy:</u> Vous voyez combien de choses Steve a faites ? Non seulement pour acquérir de nouveaux clients, mais aussi pour les garder intéressés et heureux, maximisant les profits.

Avoir un système aussi complexe est bien plus important que d'avoir une marque célèbre ou une idée géniale. Si vous vous sentez dépassé par tout cela, considérez qu'il l'a construit au fil des années, en étudiant et en se faisant aider par des professionnels compétents. De plus, il a créé un système basé sur des offres "evergreen" qui, une fois mises en place, fonctionnent pratiquement toutes seules.

C'est la différence entre construire quelque chose de solide et faire quelque chose au hasard en espérant que cela fonctionne.

CHAPITRE 4

Un marketeur sous une grande marque

Je m'appelle Bill Gough et j'ai passé une grande partie de ma carrière avec un avantage que beaucoup d'entrepreneurs m'envient : une grande marque d'assurance reconnue au niveau national, Allstate.

Mon petit business local opère sous l'égide de cette marque, publicisée sur tous les médias nationaux, tous les jours.

Pourtant, après de nombreuses années de carrière, j'ai compris que mon plus grand atout n'est pas la marque, mais plutôt les relations avec mes clients.

J'ai commencé à travailler pour Allstate en tant qu'employé à l'âge de 23 ans, attiré par sa renommée et c'est là que j'ai commencé à me confronter aux publicitaires. Tout ce qu'ils faisaient était la classique publicité de marque, belle à voir mais inutile pour les ventes.

À cette époque, j'étais parmi les meilleurs agents grâce aux enseignements de ma mentor, que j'utilise encore aujourd'hui : j'écris mes objectifs, le plan d'action pour les atteindre puis je commence à mettre en œuvre les actions les plus immédiates pour les atteindre, restant toujours flexible aux changements.

Après une période personnelle difficile, qui a affecté négativement mon travail, j'ai commencé à fréquenter les meilleurs agents et à faire du networking, essayant d'imiter autant que possible les stratégies gagnantes des autres. De cette façon, j'ai même surpassé mes résultats précédents.

L'autonomie et le direct response

Quand je suis devenu un affilié indépendant (toujours pour Allstate), je savais que j'avais besoin d'une meilleure stratégie, le networking et la publicité centrée sur la marque, seuls, ne pouvaient pas m'aider.

C'est à cette période que j'ai découvert Dan Kennedy et ses stratégies de marketing à réponse directe, parfaites pour les petits business comme le mien. Les résultats ont été immédiats, mais je n'avais jamais de temps pour la famille, j'étais toujours au travail.

À ce moment-là, j'ai décidé de mettre en place un meilleur système, grâce au marketing à réponse directe, qui me permettrait d'acquérir et de fidéliser les clients de manière presque automatique. J'ai commencé à déléguer davantage, responsabilisant mes managers, chacun avec sa spécialisation bien précise.

Enfin, j'étais capable de travailler moins et mieux, me concentrant sur les activités où j'étais indispensable et déléguant le reste. Après 20 ans de carrière, aussi réussie soit-elle, rien ne pouvait être comparé à ce que j'avais réalisé dans les 2 dernières années.

Les références

Avant, mes références, en pourcentage, représentaient 2-3% de tous les nouveaux clients.

La première année d'application du direct response, elles sont passées à 17%, l'année suivante à 23%. Actuellement, nous sommes à 34% !

En plus d'offrir des cadeaux (indépendamment des ventes) à tous ceux qui nous référaient des clients, nous avons aussi ajouté une loterie mensuelle pour rendre le programme encore plus attrayant.

Voici quelques-unes de nos stratégies:

1. Des flyers expliquant notre programme distribués à tous, insérés dans chaque lettre de communication et présents sur chaque table de bureau ;

2. Une page entière dédiée dans notre newsletter mensuelle avec une photo du gagnant du mois ;

3. Un email hebdomadaire à nos courtiers ;

4. Un email mensuel aux clients avec des photos des gagnants et des détails pour participer ;

5. Un lien affilié personnel pour chaque client fourni par email ;

6. Des remerciements personnels écrits à la main aux affiliés juste après la référence.

Le commentaire de Dan Kennedy: Il est important de comprendre qu'une marque comme Allstate n'aurait jamais fait un programme de parrainage aussi personnel et original. Le fait que ce soit l'agence de Bill qui le fasse, le rend beaucoup plus efficace. Voyez-vous combien de stratégies il utilise ? La plupart des entreprises se contenteraient de l'annoncer une fois, peut-être en mettant un panneau, puis se demanderaient pourquoi cela ne fonctionne pas. Le principe fondamental est que tout doit être promu de manière agressive: la marque, le produit, les services et les programmes de parrainage.

La newsletter papier mensuelle

Dan Kennedy dit toujours que la newsletter papier mensuelle est l'arme la plus importante des petits entrepreneurs pour construire des relations significatives avec les clients.

La newsletter par email est économique, certes, mais il est plus difficile pour une personne de consommer toutes ces informations à travers un seul email. De plus, il est plus facile de l'ignorer par rapport à un magazine qui vous arrive à la maison.

Je déconseille de laisser passer plus d'un mois entre chaque newsletter, les gens vous oublieront. Cela est arrivé à un ami : après avoir testé une newsletter trimestrielle, il est rapidement revenu à la mensuelle parce que ses références avaient chuté et que de nombreux clients se plaignaient de son absence.

Essayez toujours de donner une touche personnelle à la newsletter, dans mon cas une fois j'ai mis en couverture une photo de ma femme et de ma fille, impliquées dans un léger accident, avec la porte de la voiture endommagée. J'ai attiré l'attention avec une photo réelle pour ensuite conseiller les 5 choses à faire si vous êtes impliqué dans un accident.

Sans cette photo, cela aurait été l'une des milliers d'informations génériques que tout le monde peut trouver sur Google, ennuyeuse et impersonnelle.

Le livre

Si la newsletter crée la relation, le livre est ce qui vous positionne bien au-dessus de la concurrence.

J'en ai écrit deux, chacun avec un objectif bien précis et un public cible spécifique.

Le premier était destiné à encourager les petits entrepreneurs de ma région à participer à mon programme de parrainage. Je l'ai offert à tous les clients potentiels idéaux : concessionnaires, courtiers, vendeurs de bateaux, etc.

L'autre a été écrit pour tous ceux qui pourraient avoir besoin d'une assurance de divers types, fournissant des informations utiles et des conseils.

Considérations finales

Conjuguer une marque nationale avec les besoins d'une petite agence locale n'a pas toujours été facile. Mais cela en vaut définitivement la peine !

Je n'aurais jamais pu atteindre ce succès en me reposant simplement sur la notoriété de la marque Allstate.

Sans le direct marketing et sans le développement de ma propre marque personnelle, je n'aurais aujourd'hui qu'une fraction des résultats actuels.

CHAPITRE 5

Exploiter les médias

Pour construire une marque à succès, vous avez besoin de 3 choses : une bonne combinaison de médias, de marketing et de relations publiques (RP). Si même un seul de ces trois éléments manque, vous êtes dans une situation précaire.

Les médias directs et de masse

Beaucoup d'entrepreneurs et de professionnels créent leurs propres moyens pour raconter leur histoire. Cela peut être un livre, un site web, une newsletter. Ceux-ci sont appelés médias directs ou propriétaires parce que vous pouvez les contrôler.

Puis, il y a les médias de masse : TV, journaux, radio. Étant donné que ces médias sont plus autoritaires, car vous ne pouvez pas les contrôler, ils sont plus fiables et ont le pouvoir d'augmenter votre autorité, bien plus qu'un média direct.

L'utilisation correcte des RP

Supposons que vous ayez tellement de succès que vous parvenez à être interviewé à la télévision. La plupart des gens vous verront pendant ces 5 minutes puis vous oublieront... à moins que vous n'ayez une stratégie de RP en action.

Il y a 2 types de RP:

- Avant l'événement : crée de la curiosité dans l'audience, diffuse des teasers et des indices via des conférences de presse, des communiqués, des articles, etc.

- Après l'événement : continue à parler du sujet abordé lors de l'événement, communique ce qui s'est passé, diffuse de petits extraits audio/vidéo qui prolongent la discussion.

C'est un travail qui nécessite le soutien d'agences spécialisées en RP mais, généralement, à moins que vous n'ayez une histoire très intéressante, elles ne dépasseront guère la première conférence de presse.

Le marketing

Le marketing est la manière dont vous promouvez vos produits ou services pour réaliser un profit.

L'aspect fondamental ici est de bien choisir votre cible. Il est toujours préférable de se concentrer sur un groupe pas trop vaste et qui a plus de chances d'être intéressé par ce que nous offrons. Surtout au début, sinon nous risquons d'épuiser le budget publicitaire avant même de réussir à vendre quelque chose.

Il est également plus facile d'avoir une marque reconnue dans un environnement restreint que sur un marché très large, surtout si vous êtes pertinent pour un groupe de personnes très spécifique.

Une approche intégrée

Si vous examinez la structure du storytelling, vous réaliserez que les histoires ne fonctionnent pas sans une mise en place.

Si vous ne comprenez pas les faits essentiels de l'histoire, sa mise en place et ses personnages, rien n'aura de sens.

Imaginez les ventes de votre entreprise comme la fin de votre histoire. Si vous n'avez pas préparé adéquatement votre audience, en fournissant la bonne mise en place, il sera difficile de conclure des affaires. S'ils ne vous font pas confiance et ne vous connaissent pas, ils n'achèteront probablement pas.

C'est la raison du succès des chaînes de restaurants célèbres ou de vente au détail. Leur mise en place a déjà été fournie par leur marketing de masse agressif. Tout le monde sait à quoi s'attendre de McDonald's.

Vous, qui n'avez pas la chance d'être aussi reconnu par tous, devez travailler sur les 3 éléments fondamentaux, en les conjuguant.

Fusionner les médias de masse et les médias directs

Comme nous l'avons dit au début du chapitre, les médias directs (propriétaires) ont peu de crédibilité.

Pourtant, il existe au moins 2 façons de prendre en prêt l'autorité des médias de masse, en la transférant aux médias directs :

1. Témoignages, critiques et toute certification de tiers à insérer sur votre site, livre, newsletter, etc.

2. Section "ils parlent de nous" : vous avez sûrement déjà vu sur certains sites cette section avec tous les logos de médias connus et chaînes de télévision.

CHAPITRE 6

L'importance de l'histoire

Le directeur marketing de la chaîne Subway avait un problème. Il savait que leur nourriture était plus saine que celle d'autres fast-foods, mais il craignait d'ennuyer les clients en énonçant simplement une série de données froides et impersonnelles.

Puis, la succursale de Chicago découvrit qu'un de ses clients avait réussi à perdre plus de 100 kg en mangeant uniquement des sandwichs Subway et, après discussion avec les avocats, l'entreprise décida de publiciser l'événement.

Le 1er janvier 2000, Jared Fogle apparut avec son histoire pour la première fois dans une publicité de Subway et fut immédiatement invité chez Oprah. Ce fut une campagne d'un succès extrême.

Dans les 10 années suivantes, les ventes de Subway doublèrent et Jared devint une petite célébrité.

Chaque fois que l'entreprise tentait de le mettre de côté, leurs ventes diminuaient.

La raison est très simple ; les gens sont attirés par d'autres personnes et s'identifient aux histoires des autres.

Nous sommes dépendants des histoires

Pourquoi aimons-nous les histoires? Il y a une réponse scientifique et elle s'appelle "l'hormone de l'amour", associée à l'attachement romantique, aux liens humains et aussi au sexe.

Simplement, nous nous identifions aux personnages des histoires et ressentons leurs émotions pendant que nous lisons, regardons ou écoutons leur histoire.

C'est pourquoi l'histoire de Jared ne pouvait pas être remplacée par une série de données froides et impersonnelles.

Les 4 éléments clés d'une histoire

1. <u>Simplicité.</u> Nous sommes constamment bombardés d'informations, donc pour qu'une histoire reste gravée, elle doit être fondée sur la simplicité : "Un homme mange uniquement des sandwichs de Subway pendant des mois et perd plus de 100 kg".

2. <u>Authenticité.</u> Jared était une personne réelle et cela transparaissait aussi dans les publicités, cela a joué en faveur de la campagne car elle se distinguait de toutes les autres (super brillantes et étudiées, donc fausses).

3. <u>Visibilité.</u> Vous devez trouver un (ou plusieurs) moyen(s) pour atteindre votre

audience et faire connaître votre histoire.

4. <u>Pertinence.</u> Cela doit être une histoire que les gens veulent entendre. Dans le cas de Jared, les gens adoraient le fait qu'on puisse perdre du poids en mangeant dans un fast-food. S'il avait perdu 100 kg en mangeant seulement des carottes, probablement cela n'aurait pas eu le même succès.

CHAPITRE 7

La souris et le lapin

Dans ce chapitre, nous parlerons de la puissance de deux marques : Disney et Playboy. Ils ont plus de points communs que vous ne le pensez et vous pouvez (et devez) apprendre quelque chose de leur stratégie.

Tout d'abord, Walt Disney et Hugh Hefner ont commencé sans argent, et pourtant, ils ont réussi à construire une marque forte et reconnue sans dépenser un centime en brand awareness. Les deux ont construit leurs marques iconiques à travers les ventes et le marketing direct en exploitant les médias.

Voici quelques leçons que vous pouvez tirer d'eux :

1. <u>Crée ton propre monde.</u> Disney et Playboy ont créé un univers où nul besoin de grandir. Si Disney n'avait pas déjà revendiqué le slogan "Le lieu le plus heureux sur Terre", probablement Hefner l'aurait choisi pour la Playboy Mansion. À la place, ils ont adopté un célèbre toast de Robert Culp : "Soyez de bonne humeur, car ils sont là-bas et nous sommes ici !" (En anglais, ça rime et ça sonne mieux) ;

2. <u>Lutte pour quelque chose et diffuse ta</u>

<u>philosophie.</u> Hefner s'est toujours opposé à la censure, plaidant pour la liberté sexuelle, les droits civils et le féminisme. Disney s'est positionné comme un conteur sage, véhiculant des leçons de vie et des valeurs à travers ses films et dessins animés, aspirant à un monde plus heureux et évoquant la nostalgie ;

3. <u>Personnalité.</u> Walt a été le visage de Disney dès le début, aux côtés de Mickey Mouse, promouvant Disneyland à travers une émission sur ABC. Il était le premier vendeur et storyteller de l'entreprise. Hugh Hefner a débuté avec son propre show télévisé, montrant la belle vie à son quartier général avec ses amis. Plus récemment, il a participé à une autre réalité avec ses petites amies.

4. <u>Personnages.</u> Walt a Minnie, Mickey, Pluto, Blanche-Neige, Cendrillon, etc. Hefner a les bunnies, les Playmates du mois, ses petites amies, ses amis VIP. Lorsque Disney a acquis Marvel, Bob Iger (PDG) a déclaré : "On n'a jamais assez de personnages". Hefner pensait de même à propos de ses petites amies.

5. <u>Lieu.</u> Les deux ont leur propre version du pays des merveilles : Disneyland et la Playboy Mansion.

6. <u>Licences.</u> La première fois que Disney a accepté de monétiser sa marque, c'était pendant une période de difficultés économiques, et il n'a jamais arrêté depuis. Le logo de Playboy est l'un des plus utilisés sur une gamme étendue de produits.

7. <u>Médias.</u> Après avoir débuté sur ABC, Walt a finalement acheté cette chaîne ainsi que d'autres stations de télévision et de radio. Hefner a commencé avec une chaîne en propriété exclusive, a produit des reality shows et même un film. Tout cela sert de publicité, mais en même temps, génère des revenus car les gens paient pour regarder, payant ainsi pour diffuser la marque.

Pense grand, l'effort est le même

Si tu dois penser, autant penser grand, l'effort est le même. Si tu as une petite entreprise locale et crois que ces stratégies ne sont pas pour toi, souviens-toi que Walt et Hugh ont aussi commencé avec une petite affaire locale.

De plus, avec la technologie d'aujourd'hui, il est beaucoup plus facile pour une entreprise locale d'atteindre un public mondial.

Et même si tu souhaitais opérer uniquement au niveau local, tu pourrais tout de même appliquer les mêmes stratégies, devenant ainsi une marque dominante dans ton secteur au niveau local.

CHAPITRE 8

La polarisation

Le vieux dicton "qu'on parle de toi en bien ou en mal, l'important c'est qu'on en parle" n'est finalement pas si vrai. Internet a changé notre exposition et la diffusion des nouvelles, pour le meilleur et pour le pire. Le direct marketing et sa création de parcours obligés (funnels) deviennent donc encore plus essentiels pour transformer tout le trafic et les visites (d'un site ou d'une publicité) en prospects (clients potentiels) puis en clients payants. Le trafic en lui-même ne vaut rien, contrairement à ce que prétendent les charlatans du web et des médias sociaux, la seule chose qui compte est la conversion du trafic en ventes. Il est aussi important de comprendre qu'il n'y a plus de murs protecteurs autour de ta marque et que l'impact de n'importe quoi (même dit par erreur par un de tes employés) peut créer un problème plus grand que tu ne peux l'imaginer. Pour protéger ta marque, il y a beaucoup de choses que tu peux faire, j'ai même écrit un livre à ce sujet, "No B.S. guide to ruthless management of people and profits". Il est crucial que les employés en contact avec le public soient bien formés et motivés à respecter les procédures de service client, de gestion de crise et les scripts de vente qui leur sont attribués. Utiliser des clients mystères pour récompenser les employés qui respectent les directives est également une bonne pratique. C'est sûrement l'aspect que les entrepreneurs aiment le moins, mais c'est essentiel pour protéger la marque. Plus la marque est célèbre, plus c'est important.

Tirer parti des controverses

En juillet 2012, le président de la chaîne de fast-food Chick-fil-A a déclaré dans une interview à "The Biblical Reporter" que leur entreprise soutenait "la définition biblique de la famille". Le maire de Chicago a alors fait savoir au fast-food qu'ils n'étaient pas les bienvenus dans sa ville. Les médias de gauche ont attaqué l'entreprise, la qualifiant de bigote et suggérant qu'elle était un lieu de discrimination pour les employés. En revanche, les fans de la marque et de nombreux groupes religieux ont organisé des initiatives de soutien. Cette année-là, l'entreprise est passée d'un chiffre d'affaires de 4 milliards à 4,6 milliards de dollars. Des chiffres comme ceux-là, tu ne les atteins pas juste avec de la publicité classique, beaucoup est sûrement dû à l'exposition médiatique et au soutien de la base de fans. Juste pour information, leurs positions politico-religieuses n'étaient un mystère pour personne avant le scandale. Tout le monde savait que la chaîne fermait ses magasins le dimanche et que, avant chaque réunion, les employés priaient tous ensemble. Il était évident qu'ils ne pouvaient pas être en faveur du mariage gay, et pourtant la nouvelle a dominé les journaux et la télévision pendant plusieurs semaines. À l'inverse, la controverse autour du PDG de Starbucks, qui en 2013 a publiquement soutenu le mariage gay, a généré du soutien de la part des actionnaires et de la base de fans, tandis qu'elle a causé des protestations et des boycotts de la part d'associations conservatrices. Starbucks a également augmenté ses profits après cette manœuvre, de 15 %. Quelle est la morale de l'histoire ? Connais bien tes meilleurs clients et leurs amis/ennemis.

La technique de Trump

Trump a beaucoup utilisé cette technique : il s'en prend régulièrement à quelqu'un qui représente l'incarnation des idéaux opposés aux siens, simplement dans le but de faire parler de lui et de diffuser ses idées. Moi aussi, je fais ça. Mes meilleurs clients sont des millionnaires, des self-made men et des entrepreneurs, et j'ai eu beaucoup de succès avec mes critiques et moqueries envers les suivants:

1. les universitaires, les théoriciens;

2. les grandes entreprises qui font des choses stupides;

3. les agences de publicité célèbres;

4. les employés paresseux;

5. les critiques socialistes qui détestent ceux qui réussissent et qui voudraient limiter la liberté d'entreprise;

6. les étatistes et les assistanatistes.

Créer un mouvement

J'ai travaillé dur pour me positionner aussi comme un leader d'un mouvement, pas seulement un entrepreneur qui doit gagner de l'argent. En effet, j'ai mené une révolution qui a introduit le direct response dans des secteurs où il n'avait jamais été présent. J'ai formé énormément de personnes qui sont ensuite devenues des références dans leurs secteurs : juridique, immobilier, réparation auto, jardinage, nettoyage, restaurants, cosmétique, médecine, voyages, assurances, etc. J'ai toujours pris la défense du petit entrepreneur, la colonne vertébrale de l'économie. Le vendeur, souvent mal vu par beaucoup, qui grâce à sa ténacité crée de la richesse pour tous, contribuant avec ses taxes à la création d'hôpitaux, d'universités et payant les salaires des fonctionnaires. Si tous prenaient ensemble 30 jours de vacances, le pays s'effondrerait. Ces personnes sont des héros car elles créent de l'emploi, risquant chaque jour. Souvent, si elles sont critiquées et accusées d'être des capitalistes avides, c'est par certains des ennemis que je décrivais plus tôt : étatistes et socialistes qui voudraient limiter la liberté d'entreprise. Tout cela rend mon personal brand et mon business plus pertinent pour ma cible.

Trouve ta "vague"

Il y a beaucoup de vagues dans la société, certaines vont et viennent, d'autres sont toujours présentes. Au niveau national, cela peut être le patriotisme, au niveau local cela peut être l'équipe de football de l'école. Il y a l'entrepreneuriat, l'obsession pour la vie des célébrités, l'environnementalisme. La vague des reality shows nous a fait connaître des personnages qui seraient sinon restés inconnus. La vague de Playboy, par exemple, a été la révolution sexuelle des années 60. Trouve la tienne.

CHAPITRE 9

Le pouvoir de la paranoïa

Personne n'aime la paranoïa, et pourtant être paranoïaque peut nous sauver de nombreuses embûches, même dans les affaires. Posséder une marque à succès, en soi, ne fournit aucune garantie pour l'avenir. Le cimetière des marques autrefois célèbres est très vaste, il y a plus de morts que de vivants dans chaque secteur. Si tu crées ou prends possession d'une grande marque, à partir de ce moment-là, tu dois toujours dormir avec un œil ouvert. Il y a plusieurs raisons qui mènent à la mort d'une marque, mais principalement, il y en a 2 : La baisse de la qualité d'un produit ou service, souvent saupoudrée de l'arrogance d'avoir une certaine position avantageuse ; L'ennui et le manque d'intérêt pour une marque qui ne parvient pas à susciter la curiosité et/ou la nouveauté au fil du temps.

Rarement une marque meurt à cause d'un seul gros problème, c'est plus souvent le résultat de 1000 petits problèmes qui, même s'ils peuvent sembler insignifiants individuellement, ensemble créent un mélange mortel. Beaucoup des marques qui ont fini au cimetière sont celles qui ont oublié qui les a menées au succès : le marketing à réponse directe. J'en ai vu des centaines échouer pour cette raison. Il est important de se rappeler que plus les entreprises/agences sont grandes, plus il y a de gens qui y travaillent, plus elles ont de prix publicitaires et moins elles comprennent. Le grand publicitaire David Ogilvy le disait aussi : "Les seuls qui savent ce qu'ils font sont ceux du direct response !"

CHAPITRE 10

Le personal branding

Un des meilleurs exemples actuels de personal branding est le chanteur country Toby Keith, l'une des 100 personnes les plus riches de 2013 selon Forbes. Ces cinq dernières années, il n'a jamais gagné moins de 48 millions de dollars par an. Son marché est plus petit que tu ne le penses : la musique country représente moins de 15% du marché et est concentrée dans une zone géographique limitée. Voyons comment il a fait.

Synergie

Chacun de ses concerts est une publicité parfaitement orchestrée. Lorsqu'il chante son hit "American ride", il arrive sur scène avec un pick-up Ford (son sponsor multimillionnaire). Sa boisson préférée est sa marque de Tequila "Wild Shot". Quand il chante "I love this bar", il fait référence au nom de sa chaîne de restaurants.

Souviens-toi que chaque client a plus de besoins au-delà de ton service, explore-les.

Le client d'une entreprise de nettoyage, par exemple, pourrait aussi avoir besoin d'un jardinier ou d'une assurance. Cela ne signifie pas que tu dois tout offrir, mais tu peux établir des partenariats avec d'autres entreprises pour échanger des clients.

Contrôle

Au début, quand il n'était pas encore une star, Toby Keith a décidé de remplacer son groupe par des musiciens salariés. Cela, parmi d'autres choix, lui a permis d'avoir un contrôle total sur sa marque.

Quand il a découvert que la gestion du restaurant avait retiré le sandwich le plus populaire pour s'orienter vers un style plus "gourmet", il a immédiatement rectifié le tir parce qu'il ne devait faire aucun compromis. À mesure que l'entreprise grandit, le besoin de gestionnaires professionnels augmente, mais il ne faut jamais perdre de vue la personnalité de son fondateur, sinon on aliène sa base de clients.

Souviens-toi toujours que plus tu réussis et plus tes stratégies et tes valeurs seront contestées. Cela semble contre-intuitif, mais c'est ainsi.

Prends toujours avec des pincettes les conseils des experts, si quelque chose ne te convainc pas, ne le fais pas. Écoute, réfléchis et puis décide.

Polarisation

Les paroles de ses chansons peuvent être très fortes.

Dans la chanson écrite sur les événements du 11 septembre, il dit : "Nous vous mettrons un coup de pied au cul, c'est la manière américaine !".

Natalie Maines des Dixie Chicks a qualifié la chanson d'"ignorante" et lui a répondu en montrant une photo géante en arrière-plan de ses concerts, représentant une fausse photo de famille d'elle avec Saddam Hussein.

Moi aussi, j'utilise la polarisation.

Bien que j'aie beaucoup de fans de gauche, je n'ai jamais caché ma préférence pour les conservateurs. Cela repousse beaucoup de gens, mais en attire tout autant!

Prolificité

Toby Keith a créé un album par an de 1993 à 2000, vendant en moyenne 500.000 copies. L'album de '99 en a vendu 3.1 millions. Si tu veux une marque reconnue et aimée par une solide base de clients, tu dois être prolifique. Tu dois constamment apporter des nouveautés.

Même les clients les plus fidèles sont constamment distraits, donc sois toujours paranoïaque, je te le recommande ! Ne te repose jamais exclusivement sur la fidélité de tes clients, construis plutôt des clôtures solides comme les abonnements, les paiements automatiques et en offrant toujours des incitatifs à la continuité de la relation.

Effort

Construire une grande marque demande de l'effort. Chaque fois que Toby Keith donne un concert, il gagne environ 1 million de dollars. Cela n'est rien comparé à tous les autres gains "faciles" qu'il a mis en place pour sa marque. Pourtant, il continue de se donner du mal en donnant des concerts. Il continue d'écrire des chansons, d'enregistrer, de visiter ses restaurants, bref, il travaille beaucoup.

La fuite de l'effort que nous observons ces dernières années, la soi-disant décroissance heureuse, a créé une illusion nuisible pour la société et pour l'entrepreneuriat.

Sans effort, tu n'auras jamais une grande marque.

Le direct response

Toby Keith a initialement construit sa marque en vendant des billets de ses concerts. Plus il vendait de billets, plus sa marque grandissait.

Moi aussi, j'ai construit mon business de cette manière, en voyageant beaucoup et en participant à 70-80 événements par an, en plus des publicités dans les journaux, par courrier, etc.

Le secret est de ne pas faire faillite pendant que tu es occupé à devenir riche et célèbre. Le direct response t'évite de finir ainsi.

CHAPITRE 11

Perdus dans l'espace

Les entrepreneurs et les consommateurs d'aujourd'hui sont perdus dans l'espace. Il y a des milliers de chaînes YouTube, des millions de livres sur Amazon, des sites web, des emails, etc. Il y a tellement d'options que nous sommes tous confus. Avant de prendre une décision d'achat, il est difficile d'explorer toutes les options disponibles, ce serait impossible. La marque est un raccourci vers le choix, mais même là, parfois, il y a beaucoup de concurrence. Une solution que je propose toujours est "Va là où personne ne va et fais ce que personne ne fait". Si ton produit ou service est présenté ou sponsorisé avec beaucoup d'autres similaires et donc facilement comparable, tu tomberas dans une course au rabais des prix (commodité). Ce dont tu as besoin, ce sont des stratégies qui te permettent d'atteindre les clients potentiels avant qu'ils ne se rendent sur Google ou Amazon (ou dans le passé, les Pages Jaunes). Si tu attends que quelqu'un te cherche, il y aura toujours quelqu'un d'autre pour te voler la vedette. Une autre solution est d'encourager les références, comme nous l'avons déjà vu précédemment dans ce livre. C'est à toi de créer des connexions avec tes clients, de les attirer et de les guider dans l'univers obscur en trouvant ton chemin à travers tous les déchets qui flottent sur le web.

Notes

Cette synthèse de "*Brand Building by Direct Response*" a été soigneusement préparée pour diffuser les principes de la pensée Kennedy en français. Elle fait partie de la célèbre série de livres "No B.S." (traduisible par "Pas de blabla") créée par Dan Kennedy. Dan Kennedy est l'un des protagonistes les plus influents et importants du marketing à réponse directe et, malheureusement, ses livres ne sont disponibles qu'en anglais. Bien que ce soit une version extrêmement synthétique et dépourvue des images originales, nous sommes convaincus qu'elle peut servir de tremplin pour ceux qui ne maîtrisent pas bien l'anglais, mais qui souhaitent approfondir et appliquer sa pensée. Le but de cette synthèse est purement informatif, nous ne voulons en aucun cas la remplacer par le livre original de Dan Kennedy (disponible sur Amazon via le code QR).

L'équipe de Éditions Concentré